What She Says About Love

poems by

Tony Magistrale

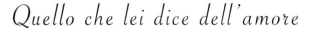

Quello che lei dice dell'amore

traduzione di

Luigi Bonaffini

Bordighera Press

Library of Congress Control Number: 2008934522

The Bordighera Poetry Prize
is made possible by a generous grant from
The Sonia Raiziss-Giop Charitable Foundation.

Cover image: "Carnivale Masks V," by Patsy Seeley
(http://www.patsyseeley.com/index.html)
Cover design: Deborah S. Starewich

Printed in the United States.

Published by
BORDIGHERA PRESS
John D. Calandra Italian American Institute
25 W. 43rd Street, 17th Floor
New York, NY 10036

BORDIGHERA POETRY PRIZE 10
ISBN 1-884419-92-5 (softcover)
ISBN 1-884419-91-7 (hardcover)

Acknowledgments

Some of these poems were first published, sometimes in different form, elsewhere. The author gratefully acknowledges the following publications: "What She Says About Love" and "Ode to Mrs. Peel" in *Vermont Literary Review*; "Perfection Undone By Love" in *The Harvard Review*; "Vanishing Points" in *Alaska Quarterly Review*; "Questions for Saddam" in *Seven Days*; "The Hardware Store" and "Beware, the Bible Warns, of Fallen Women" in *Reflections*; "Someday" and "For Patty Hearst, Kidnapped Heiress and One-Time Revolutionary" in *The Dalhousie Review*.

Contents

Indice

Three Views of Milan

I.
Mosaics of time blend ancient
and modern. White roof of Duomo,
thin saints perched atop needles of stone,
shares a downtown skyline
with blue multi-tiered skyscrapers.

II.
December friday twilight
orange concave street
exhales another week. Children
weave between parked cars
pursuing elusive soccer ball.
Middle-aged matron mothers
purchase fish in yellow market stall,
walk children and dinner home
through sunlight's dying oval.

III.
Before the multilingual descent
on dawn's silver-tinted breath,
workmen clean Galleria's mosaic floor,
pushing wet sawdust with soft-bristled brooms
according to ancient Roman tradition.
Another routine in a land
where future intersects past,
walks the same stone floor.

Tre viste di Milano

I.
Mosaici di tempo fondono antico
e moderno. Il tetto bianco del Duomo,
angeli esili appollaiati su guglie di pietra,
si staglia contro lo skyline del centro
insieme a grattacieli multilivello.

II.
Crepuscolo di un venerdì di dicembre
strada arancione concava
esala un'altra settimana. I ragazzini
s'insinuano tra le macchine posteggiate
inseguendo palloni che sgusciano via.
Madri matrone di mezza età
comprano il pesce su bancarelle gialle al mercato,
portano a passeggio i figli e poi cena a casa
attraverso l'ovale morente della luce del sole.

III.
Prima della discesa multilingue
sul fiato argentino dell'alba,
i lavoratori spazzano il pavimento musivo della Galleria,
spingendo la segatura bagnata con scope dalle setole soffici
secondo l'antica tradizione romana.
Un'altra routine in una terra
dove il futuro interseca il passato,
cammina sullo stesso pavimento di pietra.

Venetian Poems

> In the end
> the prime fact of Venetian life
> was one long gaudy night.
> —Translated from anonymous Venetian song

I.
Poised between Rome and Istanbul,
Jesus and Mohammed,
moving through knots of history
inside a thin miasma of dishonesty,
the Orient commences where Europe ends
on shores of seaweed and limed marbles
each year receding further into the sea.
Thin masked blonds in hooded satins
stalking amoral streets of sophistry—
reduced now to plaster and glass casts,
carnival clowns gripping the Ace of Spades,
souvenirs awaiting purchase
to hang inside parlor cabinet menageries.

II.
Aromatic waves of spices and sliced oranges
piled multitudes of gray sea-sludge—
dead, doomed, panting—
the sound of a store awning flapping.
At any point in time or place
Venice fades into Persia,
Italian into Arabic,
outdoor market into Middle-Eastern bazaar.
The sleek Arabian schooner arrived at dusk
deposited its complacent owner
and his bejeweled dark companion,
a thin golden chain dripped down
from her white gloved fingers
attached to neck of long white swan.

Poesie veneziane

> Alla fine
> il fatto principe della vita veneziana
> era una notte lunga e sfarzosa
> —Traduzione da un'anonima canzone veneziana

I.

Sospeso tra Roma e Istanbul,
Gesù e Maometto,
muovendosi tra i nodi della storia,
dentro un miasma di disonestà,
l'Oriente comincia dove finisce l'Europa,
su coste di alghe e marmi calcinati
che ogni anno recedono sempre più verso il mare.
Esili bionde in maschera dai cappucci di raso
che inseguono strade amorali di sofismi—
ridotte adesso a calchi di gesso e di vetro,
pagliacci di fiera che stringono l'Asso di Spada,
souvenir in attesa d'acquisto
per penzolare dentro i serragli delle vetrine da salotto.

II.

Onde aromatiche di spezie e arance tranciate
innumerevoli mucchi di grigia melma marina—
morta, dannata, in affanno
il rumore della tenda di un negozio che sbatte.
In qualsiasi punto di tempo o spazio
Venezia svanisce nella Persia,
l'italiano nell'arabo,
il mercato all'aperto in un bazar mediorientale.
La lustra goletta araba è arrivata all'imbrunire
ha depositato il suo compiaciuto proprietario
e la sua compagna scura e ingioiellata,
una sottile catenina d'oro sgocciolava
dalle dita in guanti bianchi
sospesa a un lungo collo di cigno.

III.

Against worn cobblestones made slick with agents
tourists and sea, I walk with deliberate
intention. Deeper into bowels of secreted city
(where does Venice begin, where does it end?)
down identical canals and across bridges
that narrow into slivers of gray.
Pressed against the encroaching dusk
the shapes of ancient buildings loom up
out of green phosphorescence. Venice may be
sinking by day, but at night
it rises up out of the sea:
a place where a man might lose himself
inside twisting paths of stone,
a place that resembles nothing
so much as the mind itself:
contracting, looping, somber,
turning back at once
in upon itself. The silence of ancient
corridors interrupted only
in the occasional bark of heels
Where does this sound
come from: back or front? Just as quickly
it vanishes, evaporates into purple black.

IV.

I abandon myself to these alleyways
tonight content to become someone else
masked and gloved
journeying to some secret assignation.
A woman from another century
waits patiently for me
at the turn of a canal,
atop a bridge, in the darkest corner
of the darkest piazza. I see her there:
I think she is blonde, but I cannot be certain
as she is hooded and tightly masked
revealing only the pallid silver of a carnival face—

III.
Su ciottoli logori, levigati da agenti
turisti e mare, cammino con deliberata
intenzione. Ancora più in fondo nelle viscere di una città occulta
(dove comincia, dove finisce Venezia?)
giù per canali identici e oltre ponti
che si restringono in schegge di grigio.
Schiacciate contro il dilagante tramonto
le sagome degli antichi edifici si alzano in alto
da verdi fosforescenze. Venezia forse
affonda di giorno, ma la notte
sorge dal mare,
un luogo dove ci si può perdere
tra tortuosi sentieri di pietra,
un posto che somiglia più che ad ogni altra cosa
alla mente stessa:
che si contrae, si torce, cupa,
si riavvolge subito su se stessa. Il silenzio
di antichi corridoi interrotto soltanto
dallo sporadico latrato di tacchi.
Da dove viene questo rumore?
Da dietro o davanti? Svanisce
altrettanto presto, evapora in nero purpureo.

IV.
Mi abbandono a questi vicoli
contento stasera di diventare qualcun altro
con maschera e guanti
in cammino verso qualche segreto appuntamento.
Una donna di un altro secolo
mi attende pazientemente
alla curva del canale,
sopra un ponte, nell'angolo più scuro
della più scura piazza. La vedo lì,
credo che sia bionda, ma non posso esserne sicuro
perché porta il cappuccio e una maschera stretta
rivelando solo il pallido argento di un volto di carnevale —

in the dim moonlight, her mouth
a frozen purple kiss.

V.

I could lose myself in this place tonight,
join the black shapes of its history
and the relief of becoming
someone without future, only a past.
But I know your powers well enough,
enough to know you could find me
here, playing among the epochs,
these Venetian dreams of the dead.
You could track me down
in the silver light of this *mezzaluna,*
a moon I cannot find in the sky
but would guide you to me still,
like a gondolier, so intimate
with the sea, his craft, and this city
that he floats his black crescent
through silky alleyways of water
as if suspended on invisible wings.

nel fioco bagliore lunare, la sua bocca
un gelido bacio purpureo.

V.

Potrei perdermi in questo posto stasera,
unirmi alle nere forme della sua storia
e il sollievo di divenire
qualcuno senza futuro, con il solo passato.
Ma conosco abbastanza bene i tuoi poteri,
abbastanza da sapere che potresti trovarmi qui,
a giocare tra le epoche,
questi sogni veneziani dei morti.

Potresti scovarmi
nella luce argentea di questa mezzaluna,
una luna che non riesco a trovare nel cielo
ma che ancora ti porterebbe da me,
come un gondoliere, così pratico del mare,
del suo mestiere, della sua barca, e di questa città,
che fa scivolare la sua nera falce
attraverso vicoli d'acqua lucenti come seta
quasi sospesa su ali invisibili.

Venetian Dreams

It never stopped raining in Venice,
my son and I walking the wet stones
each dredged from the bottom of the Adriatic
as slippery as human memory.
At each new piazza I shared with him
stories from distant epochs:
drunk on new passion, Casanova
left folded love letters
tucked between layers of brick wall
for the thin fingers of the wife of another man
to find; this canal is where
they found her bloated body two years later
after Casanova ended the affair.

How hard it was for me to sleep
in this watery city, its icy waves
polishing ancient stone and concrete,
lapping the sides of crumbling buildings.
We were never visitors here together,
you and I. Yet how easy it is for me
to find you in this place,
as if it were somehow your city more than mine,
recalling words I once mailed back to you
behind the postcard pictures of carnival women
who again stare back at me masked and costumed
from racks on vendors' stalls.
Although I smell the scent of perfume on the wind,
they speak to me as you do—with their eyes only:
a flash of deep blue movement from within,
the serpentine canals a gray backdrop,
their beautiful faces hidden,
full red lips silent
beneath layers of smooth plaster
frozen into blank lacquered gaze.

Sogni veneziani

Non ha mai smesso di piovere a Venezia,
io e mio figlio che camminavamo sulle pietre bagnate,
ognuna di esse dragata dal fondo dell'Adriatico
scivolosa come la memoria umana.
In ogni piazza gli raccontavo storie
di epoche lontane:
ebbro di una nuova passione, Casanova
lasciava lettere d'amore piegate
e infilate tra gli strati di un muro di mattoni
per le dita sottili della moglie di un altro; questo è il canale
dove fu trovato il suo corpo tumefatto
due anni dopo che Casanova ebbe posto fine alla relazione.

Com'era difficile per me dormire
in questa città d'acqua, le sue gelide onde
che levigano pietre e cemento,
lambendo i lati di edifici in rovina.
Non l'abbiamo mai visitata insieme,
tu ed io. Eppure è così facile per me
trovarti in questo luogo,
come se la città fosse in qualche modo più tua che mia,
mentre ricordo parole che una volta ti ho rispedito
sul tergo di cartoline con figure di donne del carnevale
che mi fissano ancora in maschera e costume
dalle scansie delle bancarelle.
Benché io senta una fragranza di profumo nel vento,
esse mi parlano come fai tu—solo con gli occhi.
Un bagliore di azzurro scuro da dentro,
i canali tortuosi uno sfondo grigio,
i loro bei volti nascosti,
labbra rosse carnose e mute
sotto strati di gesso levigato
irrigidite in uno sguardo laccato e vuoto.

Beware, the Bible Warns, of Fallen Women

She's rounding off vowels
faster than the turning of traffic tires,
faster, too, than the high-heeled foot
that fails to bridge the urban chasm
between concrete sidewalk and asphalt street.
I help to reassemble
cartoon spillage aftermath:
keys and cosmetics, gold-wrapped boxes
from expensive shops.
The damage is assessed:
one snapped burgundy heel,
one slightly bloodied kneecap,
one pair black pantyhose—shot.
I offer humble apologies for indolent street;
she gives back a splintered mix:
more scowl than appreciation,
limps off into undulating crowd
and is almost swallowed whole
but for that red hat
                bobbing up
and down
                in and
out of sight,
like some stranded buoy
moored in an angry sea.

Attenti, avverte la Bibbia, alle donne perdute

Arrotonda le vocali
più veloce del girarsi delle ruote nel traffico,
anche più veloce del piede a tacchi alti
che non riesce a colmare la voragine urbana
tra il marciapiede di cemento e la strada d'asfalto.
Do una mano a raccogliere gli oggetti rovesciati
come in una scena da cartoni animati:
chiavi e cosmetici, scatole di boutique costose
avvolte in carta dorata.
Si calcola il danno:
un tacco color borgogna rotto,
un ginocchio leggermente insanguinato,
un collant rovinato.
Io faccio le mie scuse per una strada indolente;
lei mi risponde con un mix frantumato,
più cipiglio che ringraziamento,
va via zoppicando verso la folla ondulata
e viene quasi interamente inghiottita
salvo quel cappellino rosso
          su e giù
          che si vede
e non si vede,
come una boa arenata
ormeggiata in un mare burrascoso.

Belladonna of Surprise

Her intention is to keep me surprised
a strategy to prevent our love from ever turning
mundane, maintaining electric bloodpulse
on the edge of perfumed punishments.

Belladonna of surprise
who shuts down automobile engine
to drift up silently behind me
breaking morning reverie with her horn,
chastising my anger in perverted glee.
Who glides through downtown restaurant mancrowd
like a water snake among sea corals,
an hour late, whispering repentant
I'm naked beneath fur and knee-high boots.
Who lurks patiently in exotic ambush
stalking me long after twilight passes,
a coiled spring contracted
inside aged and darkened portals,
poised to leap out
and stain my frightened face
with red mouthful of lipsticked kisses.

Exhausted prey, I admonish her:
One day you will mistake
a stranger for me
and you *will be the one surprised.*
But language also serves her dominion:
Then I would make him see
he is the one who must apologize to me
for creating so cruel a deception.

Belladonna delle sorprese

La sua intenzione è di tenermi sorpreso
una strategia per impedire che il nostro amore
mai diventi pedestre, mantenendo il pulsare del sangue
sul filo di punizioni profumate.

Belladonna delle sorprese
che spegne il motore della macchina
per scivolarmi silenziosamente dietro
e squarcia la rêverie mattutina con il clacson
castigando con gioia perversa la mia ira.
Che scorre leggera tra la folla dei ristoranti del centro
come una serpe d'acqua tra i coralli marini,
con un'ora di ritardo, sussurrando pentita
Sono nuda sotto pelliccia e stivaletti fino al ginocchio.
Che si muove furtiva e paziente in esotico agguato
inseguendomi molto dopo il crepuscolo,
tesa molla contratta
dentro portali annosi e scuri,
pronta a scattare
e macchiare il mio volto impaurito
con una boccata rossa di baci al rossetto.

Preda esausta, l'ammonisco:
Un giorno scambierai
uno sconosciuto per me
e sarai tu a rimanere sorpresa.
Ma anche il linguaggio serve al suo dominio:
Allora gli farei vedere
che è lui che deve chiedere scusa a me
per aver creato un inganno tanto crudele.

Afternoon Reprieve: The Models

Deep in sluggish bowels of summer city
fast food restaurant secretes
seasonal excesses humidity and grease
four hungry honey-haired companions
share a salty lunch. Adept freshly-manicured
fingertips curl back edges of plastic wrap
individualizing French fries.
Synchronous arcs of arms signal
food is finished—combs, lipsticks, mirrors
descend into lumpy purse-bags
as lovely bones assemble and soar upward.
One beautiful woman caught in transit
is inspiring; four are painful.
Frozen forks front jaws in mid-chew,
harmonious staccatos of high heels on linoleum
shake the sudden noon-numbed silence.
Smiling with bare hint of smirk,
they sail out like golden swans
perched high atop
the grumbling whine of human digestion,
leaving the rest of us
welded to plastic chairs—
sweating, stunned, nauseous.

Tregua pomeridiana: le modelle

Nelle profonde pigre viscere di una città estiva
un ristorante fast food secreta
intemperanze stagionali umidità e unto
quattro amiche affamate dai capelli di miele
si dividono una colazione salata. Esperte punte di dita
perfettamente curate srotolano gli orli dell'involucro di plastica
individualizzando le patatine fritte.
Archi sincronici di braccia segnalano
che il cibo è finito—pettini, rossetto, specchietti
discendono in borsette bozzute
mentre ossa incantevoli si assemblano e si librano in alto.
Una bella donna colta in transito
ispira: quattro fanno male.
Forchette congelate, mascelle a metà masticazione,
armonici staccati di tacchi alti sul linoleum
scuotono l'improvviso silenzio nel torpore del meriggio.
Sorridenti ma con appena un leggero sogghigno,
veleggiano come cigni d'oro
appollaiate in alto
sul borbottio lamentoso della digestione umana,
lasciando noialtri
saldati a sedie di plastica—
sudati, storditi, nauseati.

Vanishing Points

I.
M. Benni appears in my little office
to cross long nyloned legs
precisely at the knee.
She comes to talk American literature
but I am thinking Renaissance art,
Uccello obsessed in his studio
searching for vanishing points,
currents of energy obeying mathematical law—
creation's narrow center
at nexus of paint and being.
I am beginning to understand his fascination:
I have recently discovered the vanishing point
of this little office.

II.
M. Benni's legs
are lines of perpendiculars
forever unfolding beneath a chair
at the center of ceiling and floor.
They pull on solid forms surrounding her;
if not for those invisible tyrants,
gravity and repression,
the entire contents of this cubicle—
books, desk, potted palm, professor—
would be sucked down deep
into a vortex of perfection.

III.
M. Benni insists on knowing why
American writers are drunkneuroticself-
destructivepervertedwomenhaters. I tell her
because American women are not
sympathetic, like Italian women.
M. Benni insists on knowing why
I continue to pronounce *arrivederci*

Punti di fuga

I.
M. Benni appare nel mio piccolo ufficio
per incrociare lunghe gambe coperte di nylon
precisamente al ginocchio.
Viene per parlare di letteratura americana
ma io penso all'arte rinascimentale,
Uccello ossessionato nel suo studio
che cerca punti di fuga,
correnti di energia che obbediscono a una legge matematica—
l'angusto centro del creato
al nesso tra pittura e essere.
Comincio a capire questo fascino:
recentemente ho scoperto il punto di fuga
di questo piccolo ufficio.

II.
Le gambe di M. Benni
sono linee di perpendicolari
che si spiegano sotto una sedia.
Esse tirano forme solide che le circondano.
Se non fosse per quei tiranni invisibili,
gravità e repressione,
l'intero contenuto di questo cubicolo—
libri, scrivania, palma in vaso, professore—
verrebbe risucchiato in fondo
a un vortice di perfezione.

III.
M. Benni insiste per sapere perché
gli scrittori americani sono ubriaconinevroticiauto-
distruttiviperversiodiatorididonne. Le dico
perché le donne americane non sono
comprensive, come le donne italiane.
M. Benni insiste per sapere perché
io continuo a pronunciare *arrivederci*

like an American. I ask her
exactly what does that mean
but she has already vanished
up from the chair and gone
sweeping the oxygen
out of the room.

come un americano. Le domando
esattamente cosa significa
ma lei è già scomparsa
dalla sedia, andatasene
spazzando via l'ossigeno
dalla stanza.

The Wife-Mistress

Like a screw turning into hardwood,
a decision precisely made with
deliberate consideration, resolved
the evening of her fortieth birthday
never again to forfeit passion for money.

Her young lover was rendered
quite hopelessly aflutter
in ensuing torrent of feminine affection—
the ferocity of long pent(housed) emotion.

Consequently,
wear for him what she would,
bejeweled costumes to inspire his fancy—
kimonos of silk,
seamed stockings with embroidered panties—
limp he remained,
like sad linguini forgotten,
in fearful warning despondent:

Should my husband find out
your legs he will break
and I would be sent to Brazil.

La moglie-amante

Come un vite che gira in legno duro,
una decisione presa precisamente con
voluta considerazione, risolta
la sera del suo quarantesimo compleanno
di non rinunciare mai più alla passione per denaro.

Il suo giovane amante rimase
disperatamente in preda a palpiti
dopo un torrente di affetto femminile—
la ferocia di lunga emozione repressa (in attico).

Di conseguenza,
qualsiasi cosa indossasse per lui,
costumi ingemmati per ispirare la sua fantasia—
kimono di seta,
calze con la riga e mutandine ricamate—
lui rimaneva floscio,
come tristi linguine dimenticate,
abbattuto nel terribile monito:

Se dovesse saperlo mio marito
ti spezzerà le gambe
ed io sarei rimandata in Brasile.

Train South to Bari

The train sifted through four hours
of dense, pasty Milanese rain. South of Florence,
broke into rolling Tuscan hills,
yellowtop fields of mustard,
spliced red poppies, almond blossoms
like fresh wet snow. This is the land
my grandfather left for artic winds of Buffalo.
I have returned to the gnarled and knotty olive
and fig groves of Apulia long abandoned
in pursuit of second chance dreams.
Close to the earth, wrinkled and squat,
like grape vines after autumn pruning,
the trees grow in symmetrical rows
along iron tracks tended by old men
wearing white tee-shirts. I wonder
are some of these hunkered farmers,
scratching hoes in short, methodical strokes
against long patches of red and brown,
distant relatives? Each one
bears me back, stirring disquieting
rhythms, to the shadow of a man I barely remember,
dead forty years, buried
in a grave in a Buffalo suburb,
his calloused fingers knuckle-deep
in cool, fragrant soil.

Treno sud verso Bari

Il treno attraversò quattro ore
di densa e pastosa pioggia milanese. A sud di Firenze
irruppe nelle ondose colline toscane,
nei campi gialli di senape,
tra i papaveri rossi disgiunti
tra i fiori di mandorlo come neve fresca.
Questa è la terra che mio nonno lasciò
per i venti artici di Buffalo,
sono tornato tra le piante contorte e nodose
di ulivo e di fico della Puglia
da lungo tempo abbandonata
per inseguire sogni di altra vita.
Stretti alla terra, rugosi e tozzi,
come viti dopo la potatura d'autunno,
gli alberi crescono lungo rotaie di ferro
in file simmetriche, curati da vecchi
in maglietta bianca. Mi domando
se qualcuno di questi contadini accovacciati,
che graffiano con la zappa lunghe pezze di rosso e marrone
con colpi secchi e metodici,
potesse essere un mio lontano parente? Ognuno
mi riporta, rimestando ritmi inquietanti,
all'ombra di un uomo che ricordo appena,
morto quarant'anni fa, sepolto
in una tomba di un sobborgo di Buffalo,
le sue dita callose che affondano fino alle nocche
nel suolo fresco fragrante.

When Gazing up at Michelangelo's David

Such fierce determination mirrored
in marble furrowed brow
but no hint of gloating, although he's
just KO-ed the biggest and nastiest,
more myth than man. He's all
teenage cool, like Brando was
in the beginning. His heart
has stopped racing,
the adrenaline rush subsided enough
to savor range of his sling, lethal aim,
the fact that it's all over.
I just hope someone
older, and maybe a bit more
worldly takes the kid aside
tonight at the bacchanalia, before
the local girls drink too much
and start running long fingers
through those massive curls
and over chiseled torso. Someone
should whisper, *Hey, Dave,*
careful not to let this
go to your head and make you pazzo.
Your life doesn't need to peak here,
define itself in Goliath's fall. Let those others
sing of your skill and courage
you keep it still within;
go get some action from the girls,
but remember to keep telling them,
and especially yourself,
it was just a lucky shot.

Guardando in alto al David di Michelangelo

Una determinazione così feroce specchiata
in marmo, ciglio aggrottato
ma nessun segno di compiacimento, benché
abbia appena messo a KO il più grande e maligno,
più mito che uomo. Lui è tutto
cool adolescente, com'era Brando
all'inizio. Il suo cuore
non corre più,
la sua la scarica di adrenalina calata quanto basta
per assaporare la portata della sua fionda, la mira letale,
il fatto che sia finita.
Spero solo che qualcuno
più grande, e forse un po' più mondano,
prenda da parte il ragazzo
stasera ai bacchanalia, prima che
le ragazze del luogo bevano troppo
e comincino a far scorrere lunghe dita
tra quei folti riccioli
e sul torso cesellato. Qualcuno
dovrebbe sussurrare, *Eh, Dave,*
attento a non montarti la testa e dare di matto.
La tua vita non deve raggiungere il suo culmine ora,
definirsi nella caduta di Golia. Lascia che gli altri
cantino della tua abilità e coraggio,
tu tienitelo dentro.
Datti da fare con le ragazze,
ma ricordati di continuare a dire loro,
e specialmente a te stesso,
che è stato solo un tiro fortunato.

I Nemici (The Enemies)

The act of casting shape from chaos
breeds enemies. In your case,
all creation—the earth
from which you extracted marble,
like an oral surgeon removing teeth.
Popes and patrons never satisfied
attention to their work was sufficient enough.
The petty jealousies of lesser friends and colleagues
who will always resent success. Your countrymen
melted Bologna statues for cannon fodder,
hung fig leaves on *David*'s groin,
loincloths over Sistine nudes.
In Florence, they splintered *David*'s arm
and ran you out of town. But it was God Himself
observing in your marbles and paints
skill enough to rival His own
who finally wore you down
driving hammer and chisel against the last *Pieta*
cracking your mirror
before it was etched into stone.

(The Enemies) I nemici

L'atto di creare una forma dal caos
genera nemici. Nel tuo caso,
tutto il creato—la terra da cui hai estratto il marmo,
come un chirurgo orale che tira i denti.
Papi e mecenati mai soddisfatti
che bastasse l'attenzione al loro lavoro.
Le meschine gelosie di amici e colleghi di second'ordine
che mal sopportano il successo. I tuoi conterranei
fondevano le statue di Bologna per la carne da cannone,
appesero una foglia di fico sull'inguine di *David*,
perizomi sui nudi della Cappella Sistina.
A Firenze spezzarono il braccio di *David*
e ti cacciarono dalla città. Ma fu Dio Stesso,
osservando nei tuoi marmi e dipinti
un'abilità che gareggiava con la Sua,
che alla fine ti stremò
battendo martello e scalpello contro l'ultima *Pietà*
infrangendo il tuo specchio
prima che fosse inciso nella pietra.

Roughly Translated Over the Microphone at Musei Vaticani

For Jim DeFilippi

Proceed directly, yes, if you please
Remembering always never to touch
Ancient artifacts of the Holy
Electronically surveyed and protected.
Catholic Fathers' magnanimity
Allow you this moment with history
So, deposit, please, your Euros
Or guards shall be delighted
To appropriate all Christian
And non-Christian currencies alike
At substantial rates below current exchange.
And please to follow carefully
Bespattered tourists attached wearily
To word-inflated guides
Whose hyperactive index fingers
Explain each mystery of faith,
While neglecting all discussion
Of un-Christ-like insolence,
Papal decadence, and greed.
Please to maintain as well
Sincerest of memoriam
For old nuns yearly
Whose pilgrimages expire prematurely,
Trampled in Italian Renaissance labyrinth
Seeking that famous,
But elusive, frescoed ceiling.

Traduzione approssimativa dal microfono ai Musei Vaticani

Per Jim DeFilippi

Siete pregati di procedere direttamente
Ricordando sempre di non toccare mai
Gli antichi manufatti del Sacro
Rilevati e protetti elettronicamente.
La magnanimità dei Padri Cattolici
vi concede questo momento con la storia.
Quindi depositate, cortesemente, i vostri euro
O le guardie saranno felicissime
Di appropriarsi di tutte le valute
Cristiane e non cristiane
A tassi notevolmente inferiori al cambio attuale.
E vogliate seguire attentamente
Turisti inzaccherati che si aggrappano stanchi
A guide altisonanti
I cui indici iperattivi
Spiegano ogni mistero della fede,
Mentre trascurano qualsiasi discussione
Di un'insolenza che sa poco di Cristo.
Decadenza papale e cupidigia.
Vogliate inoltre mantenere
La più sincera memoriam
Per le vecchie suore annualmente
I cui pellegrinaggi scadono prematuramente,
Calpestate in un labirinto Italiano del Rinascimento
In cerca di quel famoso,
Ma sfuggente, soffitto affrescato.

The Woman Who Changed the World Just by Walking Trhough It

The lovely *signorina* blinks
winter afternoon into focus. As she walks,
a wave of perfume follows—
sweet in her hair, on her gloves, clinging
to her dress. On the streets behind her
ancient buildings shed
shriveled skins of ochre masonry,
secreted tenements open their windows
to breathe in her air, midwinter elms
burst into leaf. On the walls above,
violin rhythms force
spray-painted crimson graffiti
to bleed, protesting her passing.

La donna che cambiò il mondo solo camminandoci sopra

Con un battito di palpebre, la leggiadra signorina
mette a fuoco il pomeriggio d'inverno. Mentre cammina
la segue un'onda profumata—
soave nei suoi capelli, sui suoi guanti, aderente
al suo vestito. Nella strada alle sue spalle
antichi edifici perdono
pelli avvizzite di muratura ocra,
palazzine occultate aprono le finestre
per respirare la sua aria, olmi di mezzo inverno
fanno esplodere il fogliame. Sui muri in alto
ritmi di violino costringono
graffiti cremisi dipinti con lo spray
a sanguinare, protestando il suo passare.

Sunday Morning

Awaiting downtown tram at Piazza Firenze
station, falling leaves a yellow snowstorm
in front of me, when obese orange German
tourbus tumbles over street curbing
and slams into white Fiat, spinning it
like an empty milk carton. Heads and fingers
swirl from metal wreckage
into dance of blame and
counter-blame. I offer helpful injection:
I was here; I saw it all
happen. No one pays any attention, my voice
just another leaf on autumn's
asphalt pillow.

Behind massive yellow curtain,
violet vapor plume rising high
above tree line, I rumble
towards deserted Sunday city
prepared to find it in ruins.

Domenica mattina

In centro, alla stazione di Piazza Firenze
in attesa del tram, le foglie cadenti una bufera gialla
davanti a me, quando un obeso bus turistico tedesco
ruzzola sul cordone del marciapiede
e va a sbattere contro una Fiat bianca, facendola girare
come un cartone di latte vuoto. Teste e dita
turbinano dai rottami di metallo
in una danza di colpa
e controcolpa. Io offro un utile commento:
Io ero qui; ho visto tutto.
Nessuno ci fa caso, la mia voce
soltanto un'altra foglia sul guanciale
d'asfalto dell'autunno.

Dietro massiccia cortina gialla,
pennacchio di vapore viola che si alza in alto
sopra la cresta degli alberi, io avanzo sordamente
verso la città deserta della domenica
pronto a trovarla in rovina.

The Plan

Some plan to tour
Italian grottos and cathedral vestibules
Tracing history's grand sweep in oil paint
And marbles. For me,
The plan is twilight on the Adriatic
White clouds billow up
Behind small, well-lighted *trattoria.*
I am standing behind a large barbeque,
Cornucopia of succulent flesh:
Steaks and sausage, racks of veal and lamb.
Venetian piazza transformed
Into east Texas. Tourists, weary of seafood,
Bored with tortellini, rush from archipelago corners,
Cross twenty small bridges
Emerge from cobble-stone alleys,
Pursuing aromas that displace salt-sea air.
Each speaks the universal language
Of the masterworks: *Superb talent, subtle*
Yet variegated richness. May we inquire:
Who were your influences?
In this most secreted city, I divulge no secrets
Content to wear my hat at rakish angle
Tend the grill, savor its sizzle.

Il programma

Un qualche programma per fare il giro
Delle grotte italiane e i portici delle cattedrali
Tracciando la grande distesa della storia in pittura ad olio
E in marmo. Per me,
Il programma è il crepuscolo sull'Adriatico
Mentre le nuvole si gonfiano in alto
Dietro piccole trattorie ben illuminate.
Sto dietro un grosso barbeque,
Cornucopia di carni succulente:
Bistecche e salsicce, carré di vitello e di agnello.
Piazza veneziana trasformata
Nel Texas dell'est. Turisti, stanchi dei frutti di mare,
Stufi dei tortellini, si precipitano da angoli di arcipelago,
Attraversano venti ponticelli
Emergono da vicoli acciottolati
Inseguendo aromi che subentrano alla salsedine dell'aria.
Ognuno parla il linguaggio
Dei capolavori: *Superbo talento, sottile*
Ma variegata ricchezza. Possiamo chiedere:
Chi l'ha influenzato?
In questa segretissima città, non rivelo segreti
Contento di portare un cappello sbarazzino
Bado alla griglia, ne gusto lo sfrigolio.

A Valentine's Day Lament

"Valentine's Day remains one of the most stressful shopping holidays of the year for men, and most of the time they fail."

—*New York Times* article

It's late: 7.45 PM on St. Valentine's
Day and I am queued in a line
a dozen deep, staring at the head

tops of boys and men, shaggy-haired
adolescents looking to get laid, bald
husbands who have been laid enough

all fiddling their dollars, waiting patiently
as three women work feverishly
at Marie's floral shop to gift wrap

our redemption. Despite a parade of days
hawking jewelry and perfumes, stuffed
animals and lacy bras, we have waited

too long and now are bereft of time
and ideas. Desperate to avoid feminine wrath
we are the last soldiers of love

standing in fourteen degree weather, each of us
wondering if roses will freeze on the trip
home, will the shop run out of flowers,

and where, O where, is Cupid's arrow
to pierce the still night air
like a snowball to the heart.

Lamento del giorno di San Valentino

"Il giorno di San Valentino rimane per gli uomini una delle feste dell'anno più stressanti per lo shopping, e il più delle volte sbagliano."

—Articolo del *New York Times*

È tardi, le 19,45 il giorno
di San Valentino e faccio la fila
con una decina di persone, fissando la testa

di ragazzi e uomini, adolescenti
con la zazzera arruffata che vogliono scopare,
mariti calvi che hanno scopato abbastanza

e cincischiano i loro dollari, in paziente attesa
mentre tre donne lavorano freneticamente
nella bottega di fiorista di Marie per avvolgere

in carta di regalo la nostra redenzione. Nonostante
una sfilata di giorni a smerciare gioielli e profumi,
animali imbottiti e reggiseni di pizzo, abbiamo aspettato

troppo ed ora siamo privi di tempo
e di idee. Ansiosi di evitare l'ira muliebre
siamo gli ultimi soldati dell'amore

fermi in piedi a dieci sotto zero, ognuno di noi
si chiede se le rose geleranno sulla via
di casa, se la bottega finirà i fiori,

e dove , O dove, è la freccia di Cupido
a trafiggere l'aria calma della notte
come palla di neve al cuore.

Questions for Saddam

In the end, a "spider's hole"
the coiffed newscaster called it with a smirk;
buried alive in a tunnel beneath the desert
where even Allah wouldn't think to look for you.
But what if He did
cast an imperial eye down that ochre hole
to where you were so alone, curled into a ball
reading *Crime and Punishment*
and recounting cash in the suitcase,
$750,000 in unmarked American currency. The ironies
abound to the point of fever swell.
In your desperate efforts
to keep ahead of the relentless infidels
Allah's favored son,
the supreme commander of
armies and concubines, now reduced
to a dirt well the size of a coffin. What must it
have been like, each dusk when you ventured up for air,
sniffing the dry desert wind like a rabbit
emerging from his lair? Were your eyes ever
unclouded enough to see the stray black bullet holes
in palace windows, English obscenities
spray painted on marble walls?
When memory took you back to better days,
what exactly did you recall?
Exiled in your own kingdom, exhausted with only Dostoevsky
for company. Did you think of Raskolnikov
pursued by the ghosts of his own obliteration,
or were you better served by his darker brother,
Svidrigailov, dreaming of spiders and angry blonds
pointing loaded pistols at your head?

Domande a Saddam

Alla fine "un buco di ragno"
l'ha chiamato con sorrisetto compiaciuto
la cronista acconciata:
sepolto vivo in un tunnel sotto il deserto
dove neanche Allah penserebbe di cercarti.
Ma se invece Lui
avesse guardato con occhio imperiale in quel buco ocra
dove tu eri così solo, raggomitolato
a leggere *Delitto e Castigo*
e contare i contanti nella valigia,
$750.000 in valuta americana non segnata.
Le ironie abbondano fino alla febbre.
Nei tuoi sforzi disperati
di non farti trovare dagli implacabili infedeli
figlio preferito di Allah,
comandante supremo di eserciti e concubine,
ridotto ora a una fossa grande come una bara.
Come sarà stato, quando a ogni imbrunire ti azzardavi
a salire su per respirare, annusando il vento secco del deserto
come un coniglio che sbuca dalla tana? I tuoi occhi
sono mai stati tanto limpidi da vedere i buchi neri
delle pallottole vaganti nelle finestre dei palazzi, le oscenità inglesi
dipinte con lo spray su muri di marmo?
Quando il ricordo ti riportava a giorni migliori,
che cosa ricordavi esattamente?
Esiliato nel tuo regno, sfinito con la sola
compagnia di Dostoevsky. Hai pensato a Raskolnikov
perseguitato dai fantasmi della sua propria obliterazione,
o ti trovavi meglio con il suo fratello più cupo,
Svidrigailov, che sognava ragni e bionde stizzose
che ti puntavano pistole cariche alla testa?

The Politics of Knowing

Despite the new concrete in these quaint streets
I often think about that Berlin bunker,
as he held Eva Braun's clammy little hand
while Goebbels raved about a shortage of bullets

and time. At what exact
moment did they share the unspoken
knowledge of a thousand-year Reich
reduced to the rubble of ten?

Gray photographs of maniacal
parades along the streets of Nuremberg,
the flags of swastikas dripping
like thin lines of blood

down the elegant facades of buildings
in front of the *Frauenkirche,*
everybody thinking ain't this
party awesome? Who envisioned then

what this town would look like sober,
when it was time to clean up
the mess? But isn't that the way
it is for most politicians:

their grandest schemes almost always end
with someone else footing the bill
while they defiantly disappear,
like Poe's Prospero, into sequestered

bowels of some dark bunker,
into white dust of history,
bewildered by how such a brilliant plan
could have gone so askew

La politica della conoscenza

Nonostante il cemento nuovo in queste strade d'altri tempi
penso spesso al bunker di Berlino,
quando lui teneva la manina umidiccia di Eva
mentre Goebbels farneticava della scarsità di pallottole

e tempo. In quale preciso momento
hanno condiviso la tacita
consapevolezza di un Reich di mille anni
ridotto alle macerie di dieci?

Fotografie grige di sfilate
maniacali per le vie di Norimberga,
le bandiere di svastiche grondanti
come fili sottili di sangue

per le facciate eleganti degli edifici
di fronte a *Frauenkirche,*
mentre tutti pensavano non è
magnifica 'sta festa? Chi s'immaginava allora

come sarebbe stata questa città dopo la sbornia,
venuto il tempo di ripulire
il macello? Ma non è cosi
per la maggior parte dei politici:

i loro progetti più grandiosi finiscono quasi sempre
che il conto lo paga qualcun altro
mentre loro spariscono sprezzanti,
come il Prospero di Poe, nelle viscere

appartate di un buio bunker.
Nella polvere bianca della storia,
sbalorditi da come un piano così brillante
potesse essere andato così storto

alone and clinging tightly
to some frightened girl's hand
who has only just realized
what she's gotten herself into.

soli e aggrappati forte
alla mano di qualche ragazza impaurita
che si è appena resa conto
in quale pasticcio si è cacciata.

Scene Observed in Munich's Neue Pinakothek

She stands alone, transfixed
by Franz von Stuck's painting
The Sin, earphones piping museum's
interpretation of snake and femme
fatale conjoined in shadowy blackness.

Is she listening at all, or lost
in her own formulation of what
sin looks like?

Her boyfriend,
bored beyond his capacity to concentrate
on such a perfectly blue Saturday,
tugs at her hips, nibbles small kisses
on her alabaster neck, insistent to go.

Still, she is hesitant to leave
the naked beauty and her mesmeric snake;
she has fallen into their dark caress,
they have her bound in their coils,
under their spell, which is, of course
the whole point of the painting.

She could abandon this silly boy
forever, dump him right here,
even murder him
standing with his restless hands
in his pockets; the imperious serpent-woman
needs only to command it.

Scena osservata nella Neue Pinakothek di Monaco

È sola, folgorata
dal quadro di Franz von Stuck
Il peccato, le auricolari che trasmettono
l'interpretazione del museo del serpente e femme
fatale uniti in cupa oscurità.

Sta ascoltando minimamente?, o è persa
nella sua propria formulazione
di come pare il *peccato*?

Il suo ragazzo,
annoiato oltre la sua capacità di concentrarsi
su un sabato così perfettamente azzurro,
le strattona i fianchi, le mordicchia a bacetti
il collo d'alabastro, insiste a volersene andare.

Eppure lei esita a lasciare
la bella nuda e il suo ipnotico serpente;
è caduta nella loro oscura carezza,
l'hanno avvinta nelle loro spire,
nel loro fascino, che naturalmente
è il punto essenziale del quadro.

Lei potrebbe abbandonare per sempre
questo sciocco ragazzo, scaricarlo proprio qui,
persino ammazzarlo
mentre se ne sta con le mani irrequiete
in tasca. L'imperiosa donna serpente
non ha che da ordinarlo.

Funny What the Mind Remembers

In the *frauleins* I see every day on the streets of Augsburg,
drinking *kaffee* from white cups bearing red lipstick marks
smeared along the edges, wearing shoes and boots with stiletto
heels so high and thin I marvel at their flawless dexterity, I am
reminded of Kathy Kramer, an old high school girl-
friend. She wasn't much of a girlfriend.
We were alone together only once during summer vacation
junior year at an outdoor concert in a Buffalo park. Kathy
had consumed an immoderate amount of some intoxicant
and decided to bestow upon me temporary boyfriend status.
She was the kind of girl no male would ever argue with,
but even in my most lascivious dreams I never got close enough
to kiss that white-frosted mouth, tasting peppermint-flavored lipstick
and beer, or to trace with my fingertip the white run
erupting the length of her black nylon stocking and rising
towards heaven. On this summer night, however, the world
had slipped off its usual axis
and I remember thinking to myself,
because Kathy was much too drunk to understand any of it,
that what was most unfair about being a teenager
was the way time moved with such implacable slowness most of the
time,
only to evaporate into quicksilver at moments like this.

Strano ciò che ricorda la mente

Le *fraulein* che vedo ogni giorno per le vie di Asburgo
bere *kaffee* in tazze bianche con macchie rosse di rossetto
sugli orli, e che portano scarpe e stivaletti con tacchi a spillo
così alti e sottili da farmi stupire per la loro impeccabile destrezza,
mi ricordano Kathy Kramer, una mia vecchia ragazza di liceo.
Non era gran che come amorosa.
Siamo stati insieme soli soltanto una volta durante le vacanze estive
del terzo anno a un concerto all'aperto in un parco di Buffalo. Kathy
aveva consumato una quantità esagerata di qualche bevanda alcolica
e decise di concedermi lo status temporaneo di boyfriend.
Era il tipo di ragazza con cui nessun maschio avrebbe mai voluto
    [discutere,
ma nemmeno nei miei sogni più lascivi mi sono avvicinato tanto
da baciare quella bocca macchiettata di bianco, gustando rossetto alla
    [menta
e birra, o far scorrere le dita sulla bianca smagliatura
che squarciava le calze nere di nylon e saliva verso il cielo.
Quella sera d'estate, però, il mondo
era scivolato fuori dal suo solito asse
e ricordo di aver pensato tra me,
poiché Kathy era troppo ubriaca per capire niente,
che la cosa più ingiusta per un adolescente
era il modo in cui il tempo il più delle volte si muoveva con tanta
    [implacabile lentezza,
per poi evaporare in argento vivo in momenti come questo.

Perfection Undone by Love

In the opening scene of Alfred Hitchcock's *The Birds*
we visit San Francisco for only a moment
before its backdrop narrows to resplendent close up
of a blonder than blonde Tippi Hedren
who might have just stepped out of this month's
Vogue, or off any chic city curb:
Chanel suit, long leather gloves, stiletto pumps,
black bag as sleek as her silhouette,
she is every *fashionista* the camera refuses to age—
composed and unafraid, unaware, too,
of the impending and sudden change to chaos
circling above her coifed head, assembling
in pewter-colored sky, tracking her
unraveling from stylized perfection
into the irrational and unexplained.

                                                      And how,
at the end, face wrapped tightly in the bandages
of war, eyes locked in horrific stare,
we mourn the loss of her innocence
tickled by the impertinence of a boy's passing whistle
before she turned the door handle
and entered Mitch Brenner's upstairs bedroom
where the flap-and-flutter of racing wings
and sharp-beaked pecking drew blood
from her heart's opening to love.

Perfezione disfatta dall'amore

Nella scena d'apertura di *Gli uccelli* di Alfred Hitchcock
visitiamo San Francisco solo per un attimo
prima che lo sfondo si restringa in uno splendente primo piano
di una Tippi Hedren biondissima
che potrebbe essere appena uscita dal numero di Vogue
di questo mese, o scesa dal marciapiede di qualsiasi città chic:
abito Chanel, lunghi guanti di pelle, scarpe a spillo scollate,
borsetta nera liscia come la sua silhouette,
è ogni *fashionista* che la macchina fotografica si rifiuta di invecchiare—
composta e senza paura, inconsapevole anche
dell'incombente ed improvviso cambiamento in caos
che le vortica sulla testa acconciata, raccogliendosi
in un cielo color peltro, seguendo
il suo districarsi da perfezione stilizzata
all'irrazionale e il non spiegato.

                                                E come,

alla fine, viso strettamente avvolto nelle bende
della guerra, occhi fissi in uno sguardo orribile,
noi lamentiamo la perdita della sua innocenza
stuzzicata dall'impertinenza del fischio fugace di un ragazzo
prima che lei girasse la maniglia della porta
ed entrasse nella camera da letto di Mitch Brenner al piano di sopra
dove il battere e il frullio di ali in corsa
e il picchiettio di becchi aguzzi le fecero
sanguinare il cuore mentre si apriva all'amore.

Bird Droppings on I-79

On an open stretch of state highway
somewhere between Buffalo and Erie,
at a lonely point at the bottom of April
somewhere between winter and spring,
the radio announces
Alfred Hitchcock is dead in L.A. at 80.
And with my one beer remaining,
I roll down the car window
and scream into the wind:
This is for you, Hitch.
But before I finish the swallow,
two crows flutter down
to perch on the car hood. And as I marvel
at their 60 mph feat,
two more emerge in the rear-view mirror
clawing at the trunk.
A sparrow now pecks at my windshield wiper
and suddenly birds are everywhere:
The car transformed into aviary,
a rolling birdbath.

Sweating like a psychopath,
I pull off the road, reach into the glove box,
and slip on my Tippi Hedren
mask and wig. I get out of the car
gently announce to the feathered assembly:
Hitchcock is dead. Try to relax.
Go home to your nests. All of nature is
watching as I slowly drive away.
In my mirror
lines of confused birds,
thousands perched on telephone wires
and poles, are crapping into the orange of a sunset.

Escrementi di uccelli su J-79

Su un tratto aperto di autostrada statale
all'incirca tra Buffalo e Erie,
in punto malinconico alla fine di Aprile
all'incirca tra inverno e primavera,
la radio annuncia
che Alfred Hitchock è morto a Los Angeles a ottant'anni.
E con l'ultima birra
apro il finestrino
e grido nel vento:
Questo è per te, Hitch.
Ma prima che finisca di mandare giù il sorso,
due corvi con uno svolazzo
si appollaiano sul cofano della macchina. E mentre mi stupisce
la loro prodezza a 90 chilometri l'ora
altri due appaiono nello specchietto retrovisore
artigliando il portabagagli.
Un passerotto ora becca il tergicristalli
e ad un tratto ci sono uccelli dappertutto,
la macchina trasformata in uccelliera,
un bagno per uccelli su ruote.

Sudando da psicopatico
esco dalla strada, apro il vano portaoggetti
e mi metto la maschera e parrucca
di Tippi Hedren. Scendo dalla macchina
e annuncio soavemente all'assemblea piumata:
Hitchcock è morto. Cercate di rilassarvi.
Tornate ai vostri nidi. Tutta la natura
guarda mentre mi allontano lentamente.
Nello specchietto
file di uccelli confusi,
migliaia appollaiati sui fili e pali del telefono
cagano nel tramonto arancione.

Poem Written on the Road to Hell

Even at eight years old
I had sufficient preparation,
clear demarcations to distinguish
comedy from blasphemy.

Yet the need to test Sister Mary Veronica
on the veracity of her morning lesson:
If a smile be the mirror of the soul,
then is Sister Mildred doomed
to hell's eternal fire?

The third-grade girls could barely wait for the bell.
By noon, every teacher and child at St. Andrew's
savored my lamentation,
made bet on my miserable fate.
Sister Mary Veronica's supplications
fell on ears as deaf as the cross.

I did what any good Catholic boy would:
Hid out in the back of Pffeifer's drug store,
for three days flipping
baseball cards before daring to venture back
through hood of shaded vestibule.

Inside darkness as black as my soul
the air changed without sound—
suspended between floor and ceiling,
nailed to an unforgiving metal locker,
the smell of stale hosts and nun sweat:
So, you wanna see me smile, do yah?

Poesia scritta sulla via dell'inferno

Anche a otto anni
avevo una preparazione sufficiente,
chiare demarcazioni per distinguere
la commedia dalla bestemmia.

Eppure il bisogno di verificare la veracità
della lezione mattutina della suora Mary Veronica:
Se un sorriso è lo specchio dell'anima,
allora la Sorella Mildred è condannata
al fuoco eterno dell'inferno?

Le ragazze della terza elementare
non vedevano l'ora che suonasse il campanello.
Verso mezzogiorno tutti gli insegnanti e allievi di St. Andrew's
si dilettavano del mio lamento,
facevano scommesse sulla mia misera sorte.
Le suppliche della Sorella Mary Veronica
arrivavano a orecchie più sorde della croce.

Io feci quello che avrebbe fatto qualsiasi bravo ragazzo cattolico:
mi nascosi dietro il drugstore di Pffeifer,
lanciando per tre giorni carte di baseball
prima di avventurarmi a tornare
attraverso il cappuccio di un vestibolo ombroso.

Dentro un'oscurità nera come la mia anima
l'aria cambiò senza far rumore –
sospeso tra pavimento e soffitto,
inchiodato a uno spietato armadietto di metallo,
l'odore di ostie stantie e sudore di suore:
Allora, vuoi vedermi sorridere, vero?

Life from Inside Professor Orth's Office

He has left behind his library:
thousands of immaculate books and notes
arranged in Teutonic neatness,
side-by-side precision: American literature
divided by century, sub-divided by genre,
alphabetized to author.
Each afternoon in the quiet of this office
disembodied voices interrupt my lunch.
Down from the racks Melville rants:
too much has been written already
too many trees felled for nothing more to say.
From the other side,
Thoreau's Yankee admonition rises:
cease eating filthy flesh
abandon these vulgar pursuits,
devour what is unseen.
Whitman yelps from the bottom of a shelf:
I embrace you and your baloney and cheese—
but why stop there? Each afternoon
I grope, confused, appetite
dulled by literary dissonance.
From the stack nearest the door
Hemingway barks a staccato: *get the hell out,*
come back when you know what you want.

La vita da dentro l'ufficio del professor Orth

Ha lasciato la sua biblioteca:
migliaia di libri e appunti immacolati
sistemati in assetto teutonico,
con precisione uno accanto all'altro: letteratura americana
divisa in secoli, sottodivisa in generi,
in ordine alfabetico per autore.
Ogni pomeriggio nella quiete di questo ufficio
voci senza corpo interrompevano la mia colazione.
Dagli scaffali Melville farnetica:
è stato scritto già troppo
troppi alberi abbattuti per niente più da dire.
Dall'altra parte
si alza l'ammonimento yankee di Thoreau:
smetti di mangiare la sudicia carne
abbandona questi propositi volgari,
divora ciò che non si vede.
Whitman strilla dal fondo di un ripiano:
Io mi unisco a te e alla tua mortadella e formaggio
ma perché fermarsi lì? Ogni pomeriggio
brancolo, confuso, l'appetito
smorzato dalla dissonanza letteraria.
Dal mucchio vicino alla porta
Hemingway latra uno staccato: *andate all'inferno,*
tornate quando sapete quello che volete.

Final Phantom Fact About My Autie Kay

Just before the white robed attendants
wheeled her out of the white room
and towards the charnel house
to cut open her stomach
so that it would never again
mend, her daughter and son-
in-law appeared in the center
of the hospital corridor,
each holding one hand of each
grandson so they might all wave
and wish her safe journey,
just seconds, only seconds before
she was to leave behind those
whose bodies were not to be sliced,
she smiled once and then
flicked her tongue out at all of them,
like some snake tasting the temperature
of the air, a gesture at once
as comic as it was defiant,
her last gift to the living
meant to startle the dead.

Ultimo fatto fantasma su mia zia Kay

Appena prima che gli inservienti in camice bianco
la portassero fuori dalla camera bianca
e verso l'ossario
per squarciarle lo stomaco
in modo che non guarisse mai più,
sua figlia e suo genero apparvero
in mezzo al corridoio dell'ospedale,
ognuno tenendo per mano un nipotino
così tutti potevano salutarla
e augurarle buon viaggio,
solo secondi, appena secondi prima
che lei lasciasse dietro quelli
a cui non dovevano tranciare il corpo,
lei sorrise una sola volta e poi
fece guizzare la lingua verso di loro,
come una serpe che fiuta la temperatura
dell'aria, un gesto allo stesso tempo
comico e di sfida,
il suo ultimo regalo ai vivi
inteso a far trasalire i morti.

Poem for #18

Amidst the muddy scrum
neon-purple helmets and slashing sticks,
of colt-like legs that have just begun
to sprout man-hair
and young bodies colliding
against each other with a violence
only the young could survive
to rise up and then collide again,
I watch my youngest son play
his last game of varsity lacrosse.

Do these boys, many
he has known all their lives,
with whom he attended
preschool and proms,
feel the moment's weight
in between crashes and during
time outs? Do they sense
with each passing shot,
with each sprint up the sidelines,
they are that much closer to a place
where sport will be relegated
to passionless exercise and competition
never again defined so cleanly?

                    Play on,
boys, into the late spring dusk,
delay for as long as possible
the clock's emptying minutes,
the haunted quiet of the deserted field,
the loss of this inevitable passing.

Poesia per no. 18

In mezzo alla mischia infangata
caschi porpora-neon e bastoni sferzanti,
di gambe da puledro su cui appena cominciano
a spuntare peli da uomo
e giovani corpi che si scontrano
con una violenza a cui solo i giovani
possono reggere
per rialzarsi e poi scontrarsi ancora,
guardo il mio figlio più giovane giocare
la sua ultima partita di lacrosse al liceo.

Questi ragazzi, molti dei quali
conosce da sempre,
con cui è andato a scuola materna e balli di scuola,
lo sentono il peso del momento
tra scontri e time out? Avvertono
con ogni tiro in gol,
con ogni scatto lungo i bordi,
di essere tanto più vicini a un luogo
dove lo sport sarà relegato
a un esercizio senza passione e la gara
mai più definita can tanta chiarezza?

      Continuate a giocare
ragazzi, nel tardo crepuscolo primaverile,
ritardate il più possibile
i minuti dell'orologio che si svuotano,
la tormentata quiete del campo deserto,
la perdita di questo inevitabile passare.

Alex Slauson

Like Thor, wielding his mighty hammer,
for four interminable years we watched

trapped on the sidelines as he incised
the collective soul of our journeymen

sons' stumbling efforts to restrain him
from scoring goals nearly at will,

a holding of our breaths every time
he cradled the damn lacrosse ball

and sent another hawk-like swoop
down on net. We were forced

to demonize him, create an adolescent
assassin to help us cope with his prowess.

And then, after the last game
of their varsity careers, after Slauson had

eviscerated us one final time,
the monster came unbeckoned,

summoned the insolence
to remove his helmet and say,

Your son played me hard
and fair in every game. Stunned

into rapt silence, I didn't know
whether to embrace this boy's sweaty,

lying face, or just acknowledge
Slauson's talents as even more

Alex Slauson

Come Thor che brandisce il potente martello,
per quattro interminabili anni siamo rimasti a guardare

bloccati sui bordi del campo mentre lui incideva
l'anima collettiva degli sforzi inetti

dei nostri figli apprendisti di impedirgli
di fare gol quasi a volontà,

il trattenere il respiro ogni volta
che dondolava la maledetta palla di lacrosse

e la faceva piombare come uno sparviero
nella rete. Noi eravamo costretti

a demonizzarlo, a creare un assassino adolescente
per aiutarci a far fronte alla sua bravura.

E poi, dopo l'ultima partita
della loro carriera liceale, dopo che Slauson

ci ebbe sventrati un'ultima volta,
il mostro venne senza essere chiamato,

trovò l'insolenza
di togliersi il casco e dire,

Tuo figlio è stato duro e leale
con me in ogni partita. Sbalordito

in assorto silenzio, non sapevo
se abbracciare il volto sudato

e mendace di quel ragazzo, o solo
riconoscere che il talento di Slauson

prodigious than any of us
the capacity to imagine.

era anche più prodigioso di quanto
nessuno di noi potesse immaginare.

In This Building

In this building
four years of bitter cold winter nights
I watched him sweat and strain,
playing on inept teams
that never rose above .500.
And I tried to supply comfort
when we both wept real tears
after his final Senior game.
I wonder what he remembers
of this building and all those games,
receding now into something that must feel
as ephemeral as my own recollection of his age,
shooting fouls shots inside a gym's warm cocoon
while Vermont snow fell in heaps just beyond a glass door.
His jump shot: a razor-edged line
of perfect blond body rising deathless
miles above the nearest defender,
waving good-bye
to the vain hand in his face.

In questo edificio

In questo edificio
per quattro anni di gelide notti invernali
l'ho guardato sudare e sforzarsi,
giocando con squadre incapaci
che non sono mai andate oltre i .500.
Ed io ho cercato di confortarlo
quando tutti e due abbiamo versato lagrime vere
dopo la partita finale dell'ultimo anno.
Mi chiedo cosa si ricorda
di questo edificio e di tutte quelle partite,
che si ritraggono ora in qualcosa che deve sembrare
effimero come i miei propri ricordi della sua età,
a eseguire tiri liberi nel caldo bozzolo della palestra
mentre la neve del Vermont cadeva a mucchi dietro
una porta di vetro. Il suo tiro in sospensione
una linea a lama di rasoio
di perfetto corpo biondo che si librava
con distacco senza fine sul più vicino difensore,
dicendo addio
alla vana mano sul suo viso.

Heading Home

Phone calls come
From somber relatives
An orderly procedure
Bearing the same disorderly message
Your father is dying
I know this already
Have heard it
In the long-distance voice
That grew ever-more distant
Each time we talked
There is nothing anyone can do
The doctors have no more medicines
There are no more body parts
To be irradiated or excised
Neither man nor God
Possesses miracle enough
To alter the refrain
Your father is dying
My relatives impart gentle reminders
Time to head home
Another trip to Buffalo
And I will head home soon
To do what good sons must prepare
Someday to do
Without benefit of script
To bury their dying fathers
As someday my sons will do for me
But tonight there's
No great hurry
Instead a simple peace
Since there is nothing more
For us to say
As we have lived it all along
The way sons and fathers
Are supposed to

Verso casa

Telefonate arrivano
Da malinconici parenti
Una procedura ordinata
Che porta lo stesso messaggio disordinato
Tuo padre sta morendo
Lo so già
L'ho sentito
Nella voce interurbana
Che si faceva sempre più lontana
Ogni volta che parlavamo
Nessuno può far niente
I medici non hanno più medicine
Non ci sono più parti del corpo
Da irradiare o recidere
Né uomo né Dio
Possiede abbastanza miracoli
Per cambiare il ritornello
Tuo padre sta morendo
I miei parenti
Me lo ricordano garbatamente
Ora di tornare a casa
Un altro viaggio a Buffalo
E presto tornerò a casa
Per fare quello che i bravi figli devono prepararsi
A fare un giorno
Senza l'aiuto di un copione
Seppellire i padri che muoiono
Come un giorno faranno per me i miei figli
Ma stasera non c'è
Una grande fretta
Invece una semplice pace
Poiché per noi
Non c'è più niente da dire
Perché viviamo così da sempre
Come padri e figli
Dovrebbero fare

Our bond in place
Long before cancer interposed
Reminding us that love's time together
Is always precious
And never deathless
No reason to head home tonight
No deathbed regrets or confessions
No dramatic reconciliations
No more lessons to learn

Il nostro vincolo stretto
Molto prima che intervenisse il cancro
A ricordarci che il tempo dell'affetto insieme
È sempre prezioso
E mai eterno
Nessuna ragione per tornare a casa stasera
Nessuna confessione o rimorso al capezzale
Nessuna drammatica riconciliazione
Nessun'altra lezione da imparare

Wedding Poem

For Matt & Jess

And the bride said:
When at first you proposed
elopement to Las Vegas, that
quaint little Elvis of Perpetual
Rockin' Love Chapel two blocks north
from the Strip, with two-for-one
bridesmaid specials every
Thursday, despite this temptation
I chose instead today. The flowers are
all here, every last damn daisy
in its place, the out-of-town
guests have finally found
their hotel rooms, and there is
nothing more to distract us
from us except this: that this afternoon
I am dressed waiting for you
standing here in shoes that are
uncomfortably pointed and stilettoed
as young and as fresh and as
beautiful as you are ever going to find
me. So, viva Las Vegas,
baby, let's lift the curtain
on this show
and get things started.

And the groom said:
I will promise this day
forward to take out the
garbage and fix the flats
on our bicycle tires and to let you
drive us places with neither complaint
nor comment. I will air-condition
our bedroom in the summertime,
embrace you with fluffy blankets

Poesia matrimoniale

Per Matt & Jess

E la sposa disse:
Quando dapprima hai proposto
di fuggire per sposarci a Las Vegas, quella
piccola Cappella di Elvis del Perpetuo
Amore Rock a due isolati nord
dello Strip, con un'offerta speciale ogni giovedì
di due damigelle al costo di una
nonostante la tentazione
ho invece scelto oggi. I fiori
ci sono tutti, fin l'ultima dannata margherita
al posto suo, gli ospiti che vengono da fuori
hanno finalmente trovato
la loro camera d'albergo, e non c'è più niente
che possa distrarci
da noi stessi tranne questo: che questo pomeriggio
sono vestito in attesa di te
in piedi qui con scomode scarpe a punta e tacchi a spillo
giovane fresca e bella come mai più mi vedrai.
Allora viva Las Vegas,
amore, alziamo il sipario
a questo spettacolo
e cominciamo.

E lo sposo disse:
Prometto d'ora in poi
di portare fuori la spazzatura
e riparare le gomme sgonfie
delle nostre biciclette e farti portare
la macchina ovunque senza proteste
o commenti. D'estate accenderò il condizionatore
nella nostra camera da letto,
ti abbraccerò con soffici coperte
nell'inverno. Prometto
di imparare molte cose da te, una

through the winter. I will promise
to learn many things from you, one
at a time, over time, but most of all
to recognize that you are
True North to my inner compass
and that now, more than before,
I can navigate my way home.

And the poet said:
I have myself been married
twenty-five years and marital survival
remains a complete and utter
mystery to me. Cling to this
Mystery even as you allow no one
to know you better. Every morning
kiss the back of her head,
discern the faint scent of yesterday's
shampoo or perfume. You will know
exactly what kind of day
today will bring you
by how she comes to greet this ritual.
But most of all
remember the European value of small things:
a meal together, two sets of footprints
in fresh snow, and especially the value
of forgiveness—forgive each other's
trespasses, become artists of forgiveness,
for in marriage, each time you forgive
becomes another cause for celebration.

alla volta, col tempo, ma prima di tutto
riconoscere che tu sei il
Vero Nord per la mia bussola interna
e che ora, più di prima,
so navigare verso casa.

E il poeta disse:
Io sono sposato
da venticinque anni e la sopravvivenza coniugale
rimane per me un completo
e assoluto mistero. Aggrappati a questo
Mistero anche se non permetti a nessuno
di conoscerti meglio. Ogni mattina
baciale la nuca,
discerni la fievole fragranza
dello sciampo o profumo di ieri. Da come lei
saluta questo rito saprai
esattamente che sorta di giorno
ti porterà oggi.
Ma prima di tutto
ricorda il valore europeo delle piccole cose:
un pranzo insieme, due paia di orme
nella neve fresca, e specialmente il valore del perdono,
perché nella vita coniugale ogni volta che perdoni
diventa un altro motivo per festeggiare.

Ghosts of Christmas Past

For Ken Wagner

While world harkened the herald egg-nog
in overdecorated red, white, and green
homage to pine tree aglow,
we, in culpable yet flagrant rejection
of sacred obligations and family-girlfriend sentimentality,
did choose our own Yuletide tradition:
Drifting bleary-eyed through liquored layers
amber shots and beers to midnight
misty mutilated carols
embarking from forlorn downtown tavern
into snow-crisp and delicious Buffalo night
so frigid our red-rimmed faces swelled.
Staring into silent starry heavens
making our tear-stained peace with the world,
two of Rubens's wayward angels
winding our delirious way
over snow blown and carless Thruway—
striking light against early morning dark
homeward, toward Christmas afternoon hangovers.

Fantasmi del Natale Passato

Per Ken Wagner

Mentre il mondo ascoltava l'araldico zabaglione
in superornato omaggio rosso, bianco e verde
al fulgido albero di pino
noi, in colpevole eppure flagrante rifiuto
di sacri obblighi e sentimentalismo ragazza-famiglia,
abbiamo scelto la nostra propria tradizione natalizia:
vagando con occhi appannati per strati alcolici
bicchierini ambrati e birre verso canti
di mezzanotte brumosi e mutilati
imbarcandoci da derelitte taverne del centro
nella notte di Buffalo fresca di neve e deliziosa
così gelida da far gonfiare i nostri volti orlati di rosso.
Fissando il cielo silenzioso stellato
facendo la nostra lagrimosa pace con il mondo,
mentre, angeli ribelli di Rubens,
serpeggiavamo deliranti
sull'autostrada coperta di neve e deserta—
trovando luce contro l'oscurità del primo mattino
verso casa, verso i postumi di sbornia in un Natale pomeriggio.

By Way of Explanation

It felt as though
he were playing a mere cameo
in a film of someone else's life

measuring his time with her alone
against the constant attention
she summoned. When she would

disappear for days
and respond to his desperate
entreaties with the same cryptic

smile and shake of lovely head
spilling sheaf of blonde hair
over a shoulder hiding half her face

leaving him to wonder how much
half a truth was worth knowing anyway.
He could have had anything

from her banquet table
only what was proffered
had to be savored without questions

or recriminations. He never met
a woman so damn independent
or mysterious. And perhaps someday,

if his luck held, he might just come
to appreciate the value of a journey
without clear destination.

Come spiegazione

Sembrava che
recitasse una piccola parte
nel film della vita di un altro

misurando il suo tempo con lei solo
contro l'attenzione costante
che richiedeva. Quando

spariva per giorni interi
e rispondeva alle sue suppliche
disperate con lo stesso enigmatico

sorriso e la stessa scrollata del grazioso capo
rovesciando su una spalla il fascio
di capelli biondi che le nascondeva metà del viso

lasciandolo a chiedersi comunque
quanto valesse la pena sapere una mezza verità.
Lui poteva prendere qualsiasi cosa

dal tavolo del suo banchetto
solo che quello che veniva offerto
doveva essere gustato senza domande

o recriminazioni. Non aveva mai conosciuto
una donna così dannatamente indipendente
o misteriosa. E forse un giorno,

se la fortuna lo accompagnava ancora, avrebbe potuto
apprezzare il valore di un viaggio
senza una chiara destinazione.

What She Says About Love

I should be casting safe dreams from my bed
instead of watching this house.
There's nobody home. She's with her newest lover
turning us all into some country-western cliché,
remembering what she said about love
trying to live with what I can't rise above.

She says *you don't want me to be alone, do you?*
And like some stupid high school kid
who just got laid I nod
to what I can't begin to fathom:
Doesn't being with me constitute not being alone?
Apparently not tonight
because her driveway is one long, lonely
stretch of asphalt,
darker than the street I walk along
hoping no cop is going to bust me at 2 A.M.
lurking behind some tree or bush,
anticipating the flush of car lights
that never do arrive. I try to understand
this well-rehearsed song of benign neglect
from her point of view. She says
never doubt my love for you
even when I am with another man. What I know
is that I am out in this steady rain
sharing the night with a cat
that walks straight up to me,
arches her wet white back against my leg
and purrs: *human,*
why don't you just go home and smarten up.

Quello che lei dice dell'amore

Dovrei gettare sogni sicuri dal mio letto
invece di guardare questa casa.
Non c'è nessuno. Lei è con il suo nuovo amante
facendo di noi tutti un cliché country-western,
mentre ricordo quello che diceva dell'amore
cercando di vivere con ciò
a cui non posso mostrarmi superiore.

Lei dice *mica vuoi che rimanga sola, vero?*
E come uno stupido liceale
che ha appena scopato annuisco
senza saperne minimamente il perché:
stare con me non significa non essere sola?
A quanto pare non stasera
perché il viale di accesso è un lungo solitario
tratto di asfalto,
più scuro della strada su cui cammino
sperando di non essere arrestato alle due del mattino
da un poliziotto appostato dietro un albero o un cespuglio,
prevedendo la ressa di fari
che non arrivano mai. Cerco di capire
questo ben studiato ritornello di negligenza benigna
dal suo punto di vista. Lei dice
non dubitare mai del mio amore per te
anche quando sono con un altro uomo. So soltanto
che mi trovo all'aperto in questa pioggia costante
a dividere la notte con un gatto
che mi si avvicina,
inarca la schiena bianca bagnata contro la mia gamba
e fa le fusa: *uomo,*
perché non ti svegli e torni a casa?

My Vampire Love

She comes for me at night,
only at night.
I await nervously the moment,
anticipating her car's small headlights.

She appears at my threshold,
tired and distracted,
asks to be permitted entrance inside,
as if I have the power to deny her anything.
Her lean body intercepts the light
carrying the burden of history
as heavy as the cape on her shoulders.

She settles herself in a chair
epicenter of room
restless as a bird of prey.
It is difficult for both of us to concentrate,
small talk quickly erodes,
the room shaking, compressed,
inadequate for escalating hungers.

Then, with practiced flourish, she reaches
into black bag, unsheathes a lipstick
reddens her mouth.
She strokes my face with leather fingers
savoring the gift of supplication.
Her own face, deeply silhouetted now,
opens into a red O
warm and soft and insistent
and I yearn for transport there—to become
an etherized bundle
crumpled at the base of her boots.

When she leaves, it is
swift as the wings of bats;
I barely hear heels

Il mio amore vampiro

Lei mi cerca la notte,
solo la notte.
Io aspetto nervoso il momento,
presentendo i piccoli fari della sua macchina.

Lei appare sul mio uscio,
stanca e distratta,
chiede permesso,
come se io avessi il potere di negarle qualcosa.
Il suo corpo snello intercetta la luce
portando il fardello della storia
pesante come il mantello sulle spalle.

Si accomoda in una sedia
epicentro della stanza
irrequieta come un uccello da preda.
È difficile per entrambi concentrarci,
le solite frasi si consumano rapidamente,
la stanza trema, compressa,
inadeguata a smanie sempre più forti.

Poi, con gesto ricercato, fruga
nella borsetta nera, estrae il rossetto dall'astuccio
e si tinge di rosso la bocca.
Mi accarezza il volto con dita di pelle
gustando il dono della supplica.
Il suo volto, ora delineato nettamente,
si apre in un O rosso
caldo e soffice e insistente
ed io muoio dalla voglia di esservi trasportato—
di diventare un fascio eterizzato
accartocciato alla base dei suoi stivali.

Il suo andarsene è veloce
come le ali di un pipistrello.
Sento appena i tacchi

descend metal stairs,
the acrid smell of a distant cigarette.
A full moon rises, filling the window.
Shadows drain the length of emptied room.

che scendono per scale di metallo,
l'odore acre di una lontana sigaretta.
Si alza una luna piena, riempiendo la finestra.
Ombre consumano tutta la stanza svuotata.

Ode to Mrs. Peel

Oh, Emma, you were the very first
to taunt me
short skirts and leather jumpsuits,
the quintessence of predatory feminine—
somehow always maintaining control
over the urge to mate with Steed.
He was your intellectual equal, no doubt
capable of appreciating your unique blend
of genius and cruelty, yet
judicious enough to know
his aristocratic blood
moved much too slowly to keep pace with yours.
Through forty minutes of contrived
cold war espionage and insufferable British wit
I would sit patiently waiting for you
to appear in something shiny and tight,
to be tricked or kidnapped by bad boy villains,
each week a new version of the same stupid man
in love with power and technology,
mere rivals to his love for you.
But since you remained incorruptible
what else was there for him to do
but tie you to a submarine's periscope
or an electromagnetic conductor?
Cloth gag pressed firmly between painted lips
wide-eyed awaiting Steed's impeccable timing,
you were never mere damsel-in-distress,
always cool and centered
as unruffled by the latest ordeal
as when you first emerged in each new episode,
fresh and perfumed as a country dale
that memory refuses to age.

Ode alla signora Peel

Oh, Emma, tu sei stata la prima
a tentarmi
gonne corte e tutte di pelle,
la quintessenza della donna predatrice—
sempre in qualche modo controllando
l'impulso di accoppiarti con Steed.
Lui era intellettualmente tuo pari, senza dubbio
capace di apprezzare la tua singolare fusione
di genio e crudeltà, eppure
abbastanza assennato da sapere
che il suo sangue aristocratico
si muoveva troppo lento per tenersi al passo col tuo.
Per quaranta minuti di artefatto spionaggio, di guerra fredda
e insopportabile umorismo britannico,
sedevo pazientemente in attesa
che tu apparissi in qualcosa di lucido e aderente,
ingannata o sequestrata da cattivoni,
ogni settimana una nuova versione dello stesso stupido tipo
innamorato del potere e della tecnologia,
semplici rivali del suo amore per te.
Ma poiché tu rimanevi incorruttibile
che altro poteva fare
se non legarti al periscopio di un sottomarino
o un conduttore elettromagnetico?
Il bavaglio premuto saldamente tra labbra tinte
aspettando ad occhi sgranati il tempismo impeccabile di Steed,
non eri mai una mera damigella in pericolo,
sempre calma e sicura
imperturbata dall'ultima prova
come quando emergevi in ogni nuova puntata,
fresca e profumata come una valle di campagna
che il ricordo si rifiuta di invecchiare.

For Patty Tanya Heartst,
Kidnapped Heiress and One-Time Revolutionary

"Nothing overcomes class"
—Lina Wertmüller

married mother happy cover story *People Magazine*
fell into ecstatic love completely
with bodyguard bulldog
and before him there were the other
captors (breathless mathematics professor
and revolutionaries in black). Always some man
to tell you what to do
with your mouth or your name. And somewhere
in between the isolations—Daddy's
secluded summer castles
and the dark dank of a bedroom closet
(bound and gagged in both)—you discovered
a revelation
an inhalation in a lifetime of days
as correct as bank alliances
of precious jewels and fast cars
and country club privileges at debutante balls
and the lies of newspaper fortunes
one bright transformative moment
when you saw for yourself who
and what was responsible
for the waste and the inequity.
But money makes one excellent transfusion
and just as you began to feel at home
with this new understanding
you were back: fairy princess
bouncy curls and thick mascara
prodigal daughter returned to lubricious comfort
of sequestered rooms and domestic servants
white heels sinking into the grass
facing the ravenous reporters

Per Patty Tanya Hearst,

ereditiera sequestrata e un tempo rivoluzionaria

"Nulla supera la classe"
—Lina Wertmüller

madre sposata felice copertina di People Magazine
s'innamorò estaticamente perdutamente
di una guardia del corpo mastino
e prima di lui la catturarono altri
(professore di matematica in affanno
e rivoluzionari in nero). Sempre un uomo
a dirti cosa fare
con la tua bocca o il tuo nome. E in qualche luogo
tra isolamenti—i castelli d'estate appartati del Babbo
e la scura umidità di un armadio nella camera da letto
(legata e imbavagliata in entrambi)—tu avesti
una rivelazione
un'inalazione in una vita di giorni
corretta come alleanze di banche
di gioielli preziosi e macchine veloci
e privilegi ai country club e balli per le debuttanti
e le menzogne di fortune di giornali
un vivido momento di trasformazione
quando hai visto da te stessa chi
e che cosa era responsabile
per lo spreco e l'iniquità.
Ma il denaro fa un'ottima trasfusione
e appena hai cominciato a sentirti a tuo agio
con questa nuova consapevolezza
sei tornata: principessa di fiaba
riccioli vivaci e trucco pesante
figlia prodiga tornata al comfort lubrico
di stanze isolate e servi domestici
tacchi bianchi che sprofondano nell'erba
per affrontare cronisti famelici

so many of them on Daddy's payroll
(you'd been through a hundred nightmares
their television voices panted
now time for all of us
to forget forgive forget) until
an awkward innocence usurped
the place of truth and memory
like a soft leather belt
wrapped across the brain and knotted
tight oh so very tight
to make absolutely certain
America's little girl
would never ever
run away again.

tanti di essi dipendenti del Babbo
(tu avevi vissuto cento incubi
le loro voci televisive in affanno
ora è il momento per tutti noi
di dimenticare perdonare dimenticare) finché
una maldestra innocenza non usurpò
il luogo della verità e del ricordo
come una morbida cintura di pelle
avvolta intorno al cervello e annodata
stretta oh così stretta
per essere assolutamente certi
che la piccina dell'America
non sarebbe mai più
scappata via.

House up on the Hill

for Polly

It took some care for me to find it again.
I forgot how isolated it is
up on that hill overlooking college and town.
You forget some things in thirty years
and what is remembered is so seldom true.
The house we dreamed of owning
hasn't changed much
certainly not more than you or I.
It could use some paint
maybe a kid or two in the front
yard but there it was
sitting serene up on the hill
in the same spot we left it
before the world slipped in
between us. I half expected
some sadness standing curbside
the late afternoon sun diminished
but still a dappled brilliance—
autumn's golden light and steady hum.
When I turned to go
two laughing teenagers
holding hands kicking dead leaves
the girl's hair trailing
like a yellow banner in the breeze
went up the front walk
through the front door
and disappeared inside.

Casa in collina

Per Polly

Mi c'è voluto un po' per ritrovarla.
Avevo dimenticato quanto sia isolata
su quella collina che sovrasta università e paese.
Alcune cose le dimentichi in trent'anni
e quello che si ricorda è rare volte vero.
La casa che sognavamo di possedere
non è cambiata molto
certo non più di te o me.
Ci starebbe bene un po' di vernice
forse uno o due bambini nel praticello davanti
ma eccola serena sulla collina
nello stesso posto dove l'avevamo lasciata
prima che il mondo s'insinuasse
tra di noi. Mi aspettavo quasi
della tristezza ritto sul marciapiede
il sole del tardo pomeriggio più fioco
ma sempre uno splendore maculato –
la luce d'oro e il costante brusio dell'autunno.
Quando mi sono voltato per andarmene
due adolescenti che ridevano
tenendosi per mano e dando calci alle foglie morte
i capelli della ragazza che pendevano
come una bandiera gialla nella brezza
salirono per il vialetto davanti
passarono l'uscio
e sparirono dentro.

She

maintains her own heavenly place and it
obeys no mathematical laws. I am
pulled to her, the center
of an ever-expanding universe that simultaneously
contracts, at once drawn and then coldly
rebuffed by her heat and radiance,
forces powerful beyond gravity.
She is both cop in this universe
and creator of cosmic traffic jams.
Every time she shifts position
we are all effected—planetary bodies
and smaller satellites as well, each dependent
upon her surging revolutions. We adjust accordingly
hoping to locate new orbits
that will keep us close to her,
while still avoid crashing into one another.

Lei

mantiene il proprio posto che
non obbedisce a nessuna legge matematica. Io sono
attirato da lei, il centro
di un universo in continua espansione che si contrae
simultaneamente, allo stesso tempo attratto e poi freddamente
respinto dal suo calore e dal suo splendore,
forze potenti oltre la gravità.
Lei è sia poliziotta in questo universo
sia creatrice di ingorghi cosmici.
Ogni volta che cambia posizione
ci tocca tutti—corpi planetari
ed anche satelliti più piccoli, ognuno
soggetto alle sue fluttuanti rivoluzioni.
Noi ci adattiamo di consequenza
sperando di trovare nuove orbite
che ci terranno più vicini a lei,
mentre evitiamo ancora di scontrarci.

Solstice

Midsummer's eve solstice and
my Muse is off rendering her Muse-
worthy talents to some other man.
I'm still expected to be celebratory,
lighting fires to summon "sympathetic
magic" Celts believed could sustain
earth's orbit nearest the sun. Ancient
man was no better than me
at making celestial bodies stand still.
In woods alone at midsummer's solstice
he was just as likely to find madness
as nature's magic. The problem is
my heart—it just isn't in this
seasonal suspension: seeking instead
shorter and colder, the primitive return
to darkness, beckoning forth
the comforting silence that engulfs
like a coat. As I am Muse-less,
let the witches dance their Sabbaths
by themselves. I welcome in
the return of the winter king.

Solstizio

Il solstizio alla vigilia di mezza estate e
la mia Musa è andata a offrire i suoi talenti
degni di una Musa a un altro.
Da me si esige che sia celebrativo,
accendendo fuochi per fare appello
alla "magia simpatica" che secondo i celti
poteva sostenere l'orbita della terra più vicina al sole.
L'uomo antico non era più bravo di me
nel fermare i corpi celesti.
Solo nei boschi nel solstizio di mezza estate
era altrettanto probabile che trovasse la follia
invece della magia della natura. Il problema
è il mio cuore—semplicemente non è
in questa sospensione stagionale. Cerca invece,
più breve e più freddo, il ritorno primitivo
all'oscurità, invitando
il confortante silenzio che ti avvolge
come un soprabito. Poiché sono senza Musa,
che le streghe danzino il loro sabba
da sole. Io do il benvenuto
al ritorno del re dell'inverno.

Someday

He keeps thinking the same woman
he knew seven years ago
is going to come back
someday, waltz right through that door
she left as open as the hole of a vacated tooth
wearing the dress and shoes
he bought her in Montreal.
He keeps thinking people
don't ever change, not really—
this fragile world
ought to have some permanence,
and why shouldn't love be at least as reliable
as the slick ponytail she always wore
to lessen summer afternoon heat.
He keeps thinking someday
everything is again going to be right,
the fierce wind she set in motion
will finally blow itself out,
stop rearranging the furniture in his house,
the dishes and pans in the kitchen,
the clothes left in her closet
hanging inside plastic envelopes
from the dry cleaning store.

Un giorno

Continua a pensare che la stessa donna
che conosceva sette anni fa
un giorno tornerà, entrerà con nonchalance per la porta
che aveva lasciato aperta come il buco di un dente sgombrato
portando l'abito e le scarpe
che le aveva comprato a Montreal.
Continua a pensare che la gente
non cambia mai, non veramente—
questo fragile mondo
dovrebbe avere un po' di permanenza,
e perché l'amore non dovrebbe essere almeno tanto affidabile
quanto la lustra coda di cavallo che portava sempre
per mitigare la calura dei pomeriggi estivi.
Continua a pensare che un giorno
tutto tornerà al suo posto,
il vento feroce che lei aveva messo in movimento
finalmente si spegnerà,
smetterà di riordinare i mobili nella casa,
i piatti e le pentole in cucina,
i vestiti lasciati nel suo armadio
appesi in sacchi di plastica
dalla lavanderia.

Moving Day

I went to your back door
cupped my hands against the cold glass
and squinted in at your empty white bedroom.
When has so much whiteness ever
reflected back so darkly? I knew then
you were really gone, the house
where we were so often drunk
on one another, discarded
like an empty wine bottle. There's
nothing remaining of what once filled
this bleached room with so much
color, like a deserted stretch
of shoreline in deep winter—
you know lovers walked here,
felt the rising sun against their
upturned faces here, anticipated
tomorrow here, just not today.

Il giorno del trasloco

Sono andato alla tua porta di dietro
ho messo le mani a coppa contro il vetro freddo
e ho strizzato gli occhi per guardare nella tua camera da letto
vuota e bianca. Quando mai tanto biancore
ha riflesso così oscuramente il nero? Ho capito allora
che te ne eri veramente andata, la casa
in cui eravamo così spesso ubriachi
uno dell'altra, scartata
come una bottiglia di vino vuota. Non rimane
niente di ciò che una volta riempiva
di tanto colore questa camera sbiancata,
come un tratto deserto di spiaggia nel cuore dell'inverno—
tu sai che amanti passeggiavano qui,
sentivano qui il sole che si alzava sui loro visi
rivolti in alto, qui pregustavano
il domani, non solo l'oggi.

About the Poet and Translator

TONY MAGISTRALE was born in Buffalo, New York, the grandson of Italian immigrants from Bari, Italy. He received a BA from Allegheny College, an MA and PhD from the University of Pittsburgh. Several of the poems in *What She Says About Love* were written when Magistrale was a Fulbright Post-Doctoral Fellow at the University of Milan. He is currently Professor of English and Associate Chair of the English department at the University of Vermont. He has also taught at the Breadloaf Young Writers Conference and has served as a Visiting Professor at the University of Augsburg, Germany. Magistrale lives in Burlington, Vermont, with his wife, Jennifer, two sons, and a golden retriever.

LUIGI BONAFFINI is professor of Italian language and literature at Brooklyn College. He has translated books by numerous Italian authors, both in Italian and dialect, and has edited five trilingual anthologies of dialect poetry. He is also the editor of *Journal of Italian Translation*. In 2003 he received the Italian National Translation Prize from the Italian government.

THE BORDIGHERA POETRY PRIZE

Announcing an Annual Book Publication Poetry Prize

Sponsored by
THE SONIA RAIZISS-GIOP CHARITABLE FOUNDATION
Offering a $2,000 Prize to an
American Poet of Italian Descent

GUIDELINES FOR COMPETITION

• *The prize, consisting of book publication in bilingual edition by Bordighera, Inc., is dedicated to finding the best manuscripts of poetry in English by an American poet of Italian descent, to be translated upon selection by the judges into quality translations of modern Italian for the benefit of American poets of Italian ancestry and the preservation of the Italian language. Each winning manuscript will be awarded a cash prize of $1,000 to the winning poet and $1,000 for a commis - sioned translator.* The poet must be a US citizen, but the translator may be an Italian native speaker, not necessarily a US citizen. The poet may translate his/ her own work if bilingually qualified. *Submission may be made in English only or bilingually.*

• The poet must submit **TWO** *copies of 10 sample pages of poetry in English on any theme.* Quality poetry in any style is sought. Universal themes are welcome. The final book manuscript length should not exceed 48 pages since, including the translations, the published, bilingual book will be 96 pages in length. To give the translator time to complete the work, the entire winning manuscript will not be due for at least 6 months after selection of the winner.

• The 10 sample pages of poems in English IN DUPLICATE should be on white 8 1/2 by 11 standard paper, clearly typed and photocopied. (Single spaced except between stanzas with no more than one poem to a page, though a poem may run on to more than one page.) Be sure to label all pages with titles of poems and number them from 1 to 10. *The applicant's name should NOT appear on any poetry pages.* Staple the pages securely together and *attach a cover page to each of the two copies with name, address, telephone, e-mail if applicable, and brief biograph - ical note of the author. The remainder of the manuscript should be anonymous.* Poems contained in the submission may have appeared in literary magazines, journals, anthologies, or chapbooks. Include an acknowledgments page if applicable.

THE BORDIGHERA POETRY PRIZE

GUIDELINES FOR COMPETITION
(continued)

• *If poems have already been translated into modern Italian, submission of a bilingual sample is encouraged* making a 20 page sample with a translation page following each English page. Include name and biographical note of translator on the cover pages.

• *Manuscripts will be judged anonymously.* The distinguished judge for the 2007 and 2008 awards is **Michael Palma**.

• Applicants should retain copies of their submission, which will not be returned.

• *Submissions must be postmarked by May 31st each year.* **Mail to:**

Founder: Alfredo de Palchi
Bordighera Poetry Prize
PO Box 1374
Lafayette, IN 47902–1374

• Include a *self-addressed stamped business-sized envelope* for notification of the winners.

• For acknowledgment of receipt, send a *self-addressed postcard*.

• The decision of the judges will be final. Winners will be announced by November each year.

• Bordighera, Inc. and the judges reserve the right not to award a prize within a given year if no manuscripts are found to be eligible for publication.

• The author and translator will share in the royalties in the usual amount of a standard book contract to be drawn between Bordighera, Inc. and the author and translator.

Printed in the United States
205570BV00002B/1-84/P

9 781884 419928